60歳からは
食べて健康に！

レンチン
1回で

頑張らない電子レンジのおかず

村上祥子

〝温め〟だけなんてもったいない!!

50年間、電子レンジを使い、研究し、ヘルシーでおいしい料理を生み出してきた、村上祥子が申し上げます。

「電子レンジは、食材１００gあたり、６００Wなら2分で、おいしく加熱してくれる調理器具です」

ゆでたり、蒸したり、煮たり、煮込んだり、炊いたり、ソテーや揚げものだっておいしく仕上げます。

「電子レンジは、温めボタンを使うだけ……」と、でき上がった料理の温め直しにだけ使っている方、ぜひ、今日からはおいしいおかず作りに電子レンジを活用してください。

本書でご紹介する料理は、「材料を切って、チンして、でき上がり！」の〝レンチン1回〟でできる、とても簡単な料理です。

電子レンジにかけたらタンパク質が変性するとか、ビタミンが減るとか言う人がいますが、そんなことはまったくありません。

肉じゃがを同じ材料と調味料で、鍋と電子レンジで加熱し、食品分析センターに出して栄養価を算定してもらいました。

その結果、肉じゃがのうま味であるグルタミン酸、熱で破壊されやすいビタミンCは、電子レンジ調理の方がおよそ30%多く残っているというデータが出ています。

電子レンジの力を信じて、60歳を過ぎたら、頑張らずに作れる〝レンチン1回〟おかずで、食べて健康！ です。

村上祥子

目次

〝温め〟だけなんてもったいない!!……2
頑張らなくていいわけ……10
頑張らなくていいルール……12
頑張らなくてもおいしいコツ……14
電子レンジで気をつけたいこと……16
ひと目でわかる100gの調理W数と加熱時間……18
本書の見方……18

1 電子レンジで 肉料理

レンジ唐揚げ……20
鶏の照り焼き……22
焼き豚（チャーシュー）……24
回鍋肉……26
八宝菜……28

ローストビーフ……30
ビーフシチュー……32
牛肉のしぐれ煮……34
麻婆豆腐……36
つくねやっこ……38
煮込みハンバーグ……40

2 電子レンジで 魚料理

サバのみそ煮……44
イワシのしょうが煮……46
カキのアヒージョ……48
サケのみそ焼き……50
エビチリ……52
イカのつや煮……54
アサリの酒蒸し……56
タラチリ……58

3

電子レンジで 卵・豆腐・豆料理

温泉卵……62
ゆで卵……63
茶碗蒸し……64
アサリ豆腐……66
いり豆腐……68
厚揚げ煮もの……70
大豆の五目煮……72
おからのいり煮……74

4

電子レンジで 野菜料理・漬けもの

ほうれん草のごまあえ……78
チンゲンサイの卵とじ……80
グリーンピースの甘煮……82
切り干し大根の煮もの……84

きんぴられんこん……86
たけのこの土佐煮……88
コーンビーフキャベツ……90
辣白菜……92
蒸しなす……94
ラタトゥイユ……96
かぼちゃの甘煮……98
ポテトサラダ……100
さつまいもと鶏肉の煮もの……102
しめじのマリネ……104
生しいたけのベーコンソテー……106
ピリ辛こんにゃく……108
甘酢しょうが……110
白菜漬け……112
ミックスピクルス……114
ぬか漬け……116
いちごジャム……118

5
電子レンジで
米・麺料理

ご飯……122
十六穀ご飯……124
チキンカレー……126
チャーハン……128
煮込みうどん……130
ニラもやしそば……132
ソース焼きそば……134
辛子明太子のスパゲティ……136
スパゲティ・カルボナーラ……138
しじみのみそ汁……141
豚汁……142
コーンポタージュ……144

おせち

祝肴
- 数の子……148
- 黒豆……149
- 田作り……150

口取り
- 伊達巻き……151
- 栗きんとん……152
- 紅白なます……154
- 飾りかまぼこ……155

煮もの
- 筑前煮……156

酢のもの
- 酢ばす……157

コラム1　市販のおかずは野菜を足しても……42
コラム2　生もの、料理の解凍のコツ……60
コラム3　便利な小ワザ……76
コラム4　乾燥させる……120
コラム5　乾麺をゆでる……140

私たちは食べたものでできている……158

頑張らなくていいわけ

わけ・その1

耐熱容器に材料を入れて〝レンチン1回〟でOK!

　頑張らない電子レンジのおかずは、レンチン1回でOK!材料を切って、電子レンジに入れて加熱すればでき上がり。

　レンチンして、出して、またレンチン……といった複雑な加熱はできるだけなしにしました。

　g数と加熱時間だけ守れば、誰が作っても同じようにおいしくできます。料理の腕や経験は関係ありません。

わけ・その2

効率よく加熱するので調理時間が短くてすむ

　電子レンジは電磁波で効率よく調理します。このため、調理時間が短縮されます。100gあたり、600Wで、わずか2分の加熱で大丈夫。ただし、カレーやみそ汁など、加える水分は重量に入れます。

　また、電子レンジは火を使わないので、消し忘れの心配もなく、安全です。うっかりが増える年代には特におすすめです。

わけ・その3

油は風味づけ程度で十分。無理なく量が減らせる！

炒めものも食材の水分で調理するので油分は控えめでも焦げつきません。炒めもの、揚げものも油の使用量は風味づけ程度。生活習慣病の予防・改善のためにも油控えめで調理できる電子レンジは強い味方です。中華風も自在にメニューが作れます。

わけ・その4

食材の水分で調理するから調味料はいつもの2／3

電子レンジは、食材に含まれる水分で調理ができます。そのため、加える調味料もいつもの2／3ですみます。食材の水分を水蒸気に変え、100℃で加熱調理するので、食材の栄養やうま味を逃しません。

わけ・その5

耐熱容器1つで調理できるから後片づけが簡単！

耐熱ボウルか耐熱皿（食材の形状に合わせて）が1つあれば調理ができます。使う道具が少ないので、後片づけがラクラクです。ふきこぼれなければ、電子レンジ対応の食器でレンチンして、そのまま食卓に出せば、さらに洗いものが減ります。

頑張らなくていいルール

ルール・その1

作り方はいたって簡単。基本のルールをおさえておく

作り方は、材料を切る↓レンチンする↓でき上がり、の3プロセスです。レンチン時のみ、料理に合わせてちょっとだけ変えます。水蒸気を飛ばすために「ラップをかける、かけない」、加熱むらを防ぐために「耐熱容器の下に小皿を置く」、油分を吸収させるために「クッキングシートを敷く」など。それも理由がわかれば簡単です。

1 材料を切って、耐熱容器に入れる

材料を切り、耐熱容器に入れます。調味料は先に入れる場合とレンチン後に入れる場合があります。

2 時間通りにレンチンする

食材100gにつき、600Wで、2分加熱します。このときラップのかけ方(左ページ参照)を選びます。

3 でき上がり

レンチン後は、全体を混ぜて味をなじませたり、かたさなど見て、仕上がりを確認し、器に盛ります。

ルール・その2

加熱時間は100gに対して600Wで2分と覚えよう

加熱時間は、「100gあたり2分(600Wの場合)」と覚えてください。200gなら4分。電子レンジは機種によってW数の設定が違います。家庭用ならほとんどが600Wか500Wですが、設定W数が違う場合は18ページの表を参考にしてください。この本のレシピは600Wで表記しています。

基本は、100ｇ2分ですが、素材などによっては加熱時間が多少変わることもあるので、P.18の表を目安に、様子を見ながら調節してください。

ふんわりラップ

空気を含ませるように全体にふんわりとかけます。中に水蒸気がこもるので、水分量の少ない食材の加熱に。

ルール・その3

ラップのかけ方で料理の仕上がりが変わる

ラップは電子レンジ調理のフタ代わりです。ラップのかけ方によって水蒸気や水分量の調整ができるので、料理により、「ラップをかけない」「ラップをふんわりかける」「両端をあけてかける」と使い分けます。

両端あけラップ

耐熱ボウルの両端を5㎜くらいずつあけてかけます。水蒸気が適度に逃げて、ふきこぼれを防止。カレーやシチューなど水分の多い料理に。

頑張らなくてもおいしいコツ

コツ・その1

加熱後はすぐに取り出す。逆に余熱を利用する場合も

電子レンジがチンと鳴って加熱が終了したら、すぐ取り出してください。そのまま置くと、レンジ庫内には電磁波が残っていて余熱による加熱が進みます。なめらかに仕上げたい茶碗蒸しなどの卵料理は、庫内に放っておくと〝す〟が立ってしまいます。ラップもすぐに外します。

逆に余熱を利用する場合もあります。焼き豚（チャーシュー）などは、レンチン後、庫内に5分ほど置いて蒸らすと、芯までふっくら加熱されます。

コツ・その2

レンチン後は、余熱を利用してすぐに混ぜる

電子レンジ調理は原則として、だしや水は加えません。調味料だけで煮炊きをします。加熱が終了すると、肉や魚、野菜などから水分が出ます。この水分が煮汁になるので、ここではじめて全体を混ぜます。レンチン後、全体を混ぜることで味が均一になり、冷ましていただくものは、この間に味がしみ込んでさらにおいしくなります。

本書で紹介している筑前煮なども、だしを加えていませんがおいしくできます。

コツ・その3

クッキングシート＋小皿で味をしみ込ませる

煮物や味をしっかりつけたいときは、材料にじかにクッキングシートをかぶせ、小皿をのせて落としぶた代わりにすると、よく味がしみます。この方法はよく使うので、ぜひ覚えておいてください。

クッキングシートと小皿（12〜13cm）は電子レンジ料理のマストアイテムです。

回鍋肉、八宝菜などの中華、大豆の五目煮、切り干し大根の煮ものなど、味をしみ込ませたいものには、この方法を用います。

コツ・その4

皮があるものは切り目を入れて破裂を防ぐ

電子レンジは素材に含まれる水分を水蒸気に変えることで調理するのが特徴です。水分は1700倍の体積の水蒸気に変わります。水蒸気が行き場を失うと、皮や膜があるものはそれを破って、加熱中に破裂して飛び散ります。皮が付いているものや膜があるものは、切り目を入れる下処理をします。

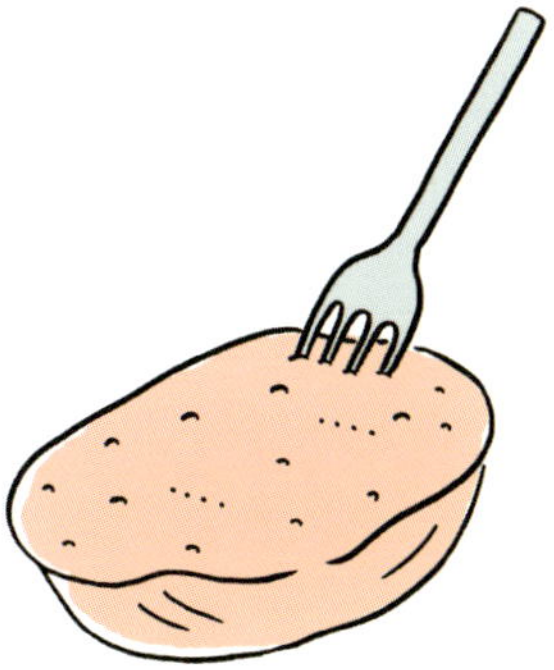

鶏肉は皮をフォークで突いて穴をあけ、皮を下側にして加熱します。魚も表になる側の皮に斜めに1本、もしくは×の切り目を入れます。

電子レンジで気をつけたいこと

気をつけたいこと・その1

電子レンジで使える容器と使えない容器とは？

電子レンジで使える容器と使えない容器があります。

使えるものは、耐熱ガラスのボウル・皿、耐熱性のプラスチック容器、シンプルな模様のない陶器、ポリ袋などです。使えないものは、竹の器、ステンレスの器、赤絵の器、漆器、金銀模様入りの器、木の器、耐熱性でないガラスの器などです。

○ 電子レンジで使えるもの

シンプルな陶器

耐熱ガラス

ポリ袋

ポリ袋は野菜の加熱向き。高温になる油には弱いので、肉や魚、揚げものなどには使えません。本書では耐熱ガラスのボウル（耐熱ボウル）、皿（耐熱皿）を多く使っています。

× 電子レンジで使えないもの

竹の器

ステンレスの器

赤絵の器

竹や木の器は焦げたり、赤絵や漆器は塗りがはげることも。ステンレスは加熱しづらく、金銀模様入りの器は、金銀の部分に火花が飛んで、黒く焦げてしまいます。

気をつけたいこと・その2

電子レンジの種類によって庫内での置き方を変える

電子レンジはターンテーブルのあるタイプとないタイプがあります。使うときのテクニックに多少の違いがあります。各家庭の電子レンジがどちらのタイプかをよく確認してから料理を始めましょう。

蒸発した水分や調味料が庫内に残って乾き、こびりついたりします。さびたり、加熱むらの原因にもなるので、使ったら庫内をふきましょう。

ターンテーブルなしの場合

食材は中央に置きます。底部分に加熱のためのコンデンサーがあるため、下側の火力が強くなりがちです。底側の火力が強いときは、耐熱の小皿を1枚置き、食材を入れた耐熱容器をのせて加熱するといいです。

ターンテーブルありの場合

中央は電磁波がいちばん効きづらい場所なので、食材はターンテーブルの縁に沿って置きます。複数の場合はドーナツ状に置きます。ただし、煮ものなどの材料を入れた大きめのボウルは、中央に置きます。このタイプの場合も、1枚耐熱の小皿を敷いてください。

ひと目でわかる 電子レンジのW数別加熱時間表

500W	600W	700W	800W
40秒	30秒	30秒	20秒
1分10秒	1分	50秒	50秒
1分50秒	1分30秒	1分20秒	1分10秒
2分20秒	2分	1分40秒	1分30秒
3分	2分30秒	2分10秒	1分50秒
3分40秒	3分	2分30秒	2分20秒
4分50秒	4分	3分30秒	3分
6分	5分	4分20秒	3分50秒
7分10秒	6分	5分10秒	4分30秒
8分20秒	7分	6分	5分20秒
9分40秒	8分	6分50秒	6分
10分50分	9分	7分40秒	
12分	10分	8分30秒	

本書の見方

材料

基本的に1人分ですが、料理によって作りやすい分量、1～2人分などがあります。

調味料

計量の単位は1カップは200mℓ、大さじ1は15mℓ、小さじ1は5mℓです。

作り方のポイント

レンチンまでの作り方、レンチンの方法と加熱時間、加熱後の盛りつけなどのポイントです。

加熱時間

電子レンジはすべて600Wで加熱したときの時間です。

電子レンジマメ知識

電子レンジ調理で知っておくとためになる情報を紹介しています。

1

電子レンジで 肉料理

60歳を過ぎると、積極的にお肉を食べたほうがいいです。お肉を煮込んだり、焼いたり、炒めたりもできるので、いろいろチャレンジしてください。

レンジ唐揚げ

材料［作りやすい分量（1～2人分）］

・**鶏もも肉**
…200g
10～12個に切る

調味料

しょうゆ…大さじ1
砂糖…大さじ1
酒…大さじ1
おろしにんにく…小さじ1/2
片栗粉…大さじ2
サラダ油…小さじ1

作り方のポイント

ポリ袋に鶏肉を入れ、
調味料を加えて袋の外からもみ込む。
口を閉じて5分ほど置く。
耐熱皿にクッキングシートを敷き、
鶏肉の皮を下にしてドーナツ状に並べる。

↓

ラップなしで、小皿の上に置き、
4分レンチン

↓

せん切りにしたレタスと
ローズマリーを添える。

電子レンジ マメ知識

庫内に小皿（直径10～12cm）を置き、その上に鶏肉の入った耐熱皿を置いてレンチンすると、下側からも均等に加熱されて加熱むらにならず、裏返す手間もはぶけます。小皿は耐熱のもので。

片栗粉とサラダ油を少量入れた
たれであえて加熱するだけ。
ソフトな風合いの唐揚げです

鶏の照り焼き

材料［作りやすい分量（1～2人分）］

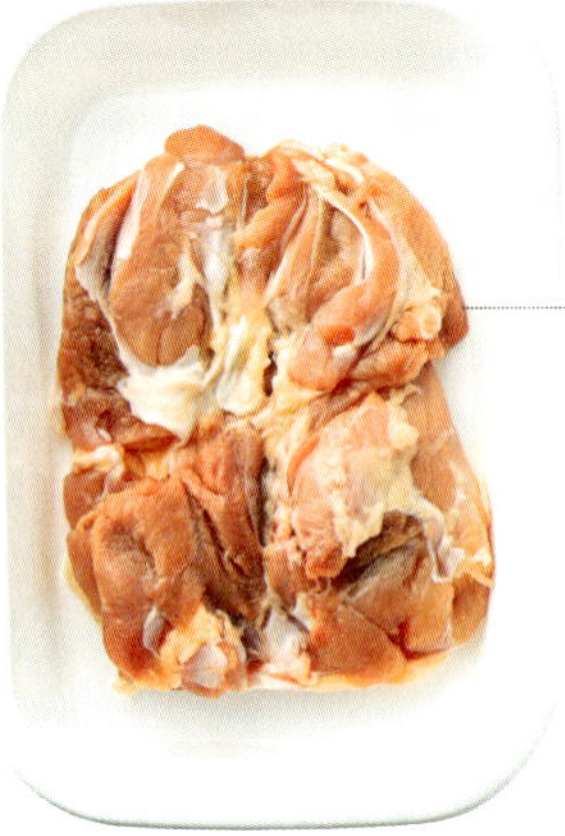

・**鶏もも肉**
…200g
全体を
フォークで突く

調味料

しょうゆ…大さじ1と1/2
砂糖…大さじ1
おろししょうが…小さじ1/2
ごま油…小さじ1/2
片栗粉…小さじ1/2

作り方のポイント

耐熱皿に調味料を合わせ、
鶏肉を加えて両面にからめ、
皮を下にして置く。

↓

ふんわりラップで、小皿の上に置き、4分レンチン

↓

食べやすく切って、
残ったたれをかける。
くし形に切ったトマトと
リーフレタスを添える。

電子レンジ　マメ知識

“ふんわりラップ”は空気を含ませるように、ラップを全体にふんわりとかけるやり方。中に水蒸気がこもるので、水分量の少ない食材の加熱に。

4分
レンチン

油も少なめ、余分な脂も抜け落ちて
いつもの照り焼きに比べ、
約30%のカロリーダウンに

焼き豚（チャーシュー）

材料［作りやすい分量（2人分）］

豚肩ロース
かたまり肉
…200g

調味料

おろししょうが…小さじ1
みそ…大さじ1
砂糖…大さじ1
しょうゆ…大さじ1
豆板醤…小さじ1/2

作り方のポイント

ボウルに調味料を合わせ、
豚肉を加えてからめ、
ときどき上下を返し、10分ほど置く。
耐熱皿に豚肉をのせる。

↓

ラップなしで、小皿の上に置き、
6分レンチン

↓

庫内に5分ほどおいて蒸らし、
食べやすく切る。
斜めせん切りにした万能ねぎを添える。

電子レンジ マメ知識

レンチン後にすぐ取り出さないのは、庫内の余熱を利用して中まで熱を通すため。万能ねぎは切った後、冷水に放し、水切りするとシャキッとします。

6分
レンチン

たれに浸した豚肉は
焦げ目がついて
おいしく仕上がります

回鍋肉《ホイコーロー》

材料［作りやすい分量（1～2人分）］

・豚バラ薄切り肉
…100g
3㎝長さ

キャベツ・
…1/4個（250g）
ざく切り

調味料

みそ…大さじ1
酒…大さじ2
砂糖…大さじ2
おろしにんにく…小さじ1/2
豆板醤…小さじ1/2
片栗粉…小さじ1
ごま油…小さじ1

作り方のポイント

耐熱ボウルに調味料を合わせ、
豚肉を加えてからめ、キャベツを加える。

↓

クッキングシートをかぶせ、
小皿をのせ、
ふんわりラップで、8分レンチン

↓

全体を混ぜる。

電子レンジ マメ知識

しっかり味をつけたいときは、材料にじかにクッキングシートをかぶせ、小皿をのせて落としぶた代わりにするといいです。

8分
レンチン

肉だけに味つけして
野菜とレンチン。
肉はふわっとやわらかく、
野菜はシャキッと仕上がります

八宝菜

材料［1人分］

イカ（胴）
…50g
切り身

さやえんどう
…5枚（20g）
筋を除く

にんじん
…小1/4本（25g）
薄切り

長ねぎ
…1/4本（25g）
ぶつ切り

白菜
…1枚（100g）
葉はざく切り
軸はそぎ切り

生しいたけ
…2枚（50g）
そぎ切り

豚もも薄切り肉
…50g
3cm長さ

赤ピーマン
…1/2個（15g）
一口大

調味料

砂糖…小さじ1
塩…小さじ1/4
オイスターソース…小さじ1
片栗粉…小さじ1
ごま油…小さじ1
水…1/4カップ

作り方のポイント

耐熱ボウルに白菜の葉、しいたけ、さやえんどう、長ねぎ、赤ピーマン、にんじん、白菜の軸の順に入れ、イカを加える。
別のボウルに調味料を合わせ、豚肉を加えてからめ、イカの上にのせる。

↓

クッキングシートをかぶせ、
小皿をのせ、
ふんわりラップで、10分レンチン

↓

全体を混ぜる。

電子レンジ マメ知識

耐熱ボウルには、野菜から入れて、イカ、味をつけた豚肉の順に加えます。豚肉のうま味と調味料が下の野菜にしみます。

10分
レンチン

はじけやすいイカは
間にはさんで。
野菜の水分と片栗粉がからみ、
とろみあんに変身！

ローストビーフ

材料［作りやすい分量（2人分）］

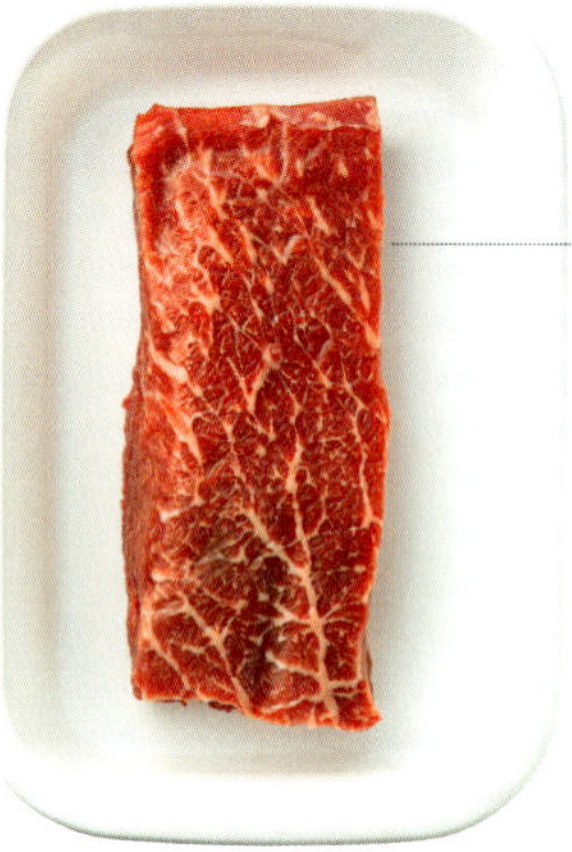

牛もも
かたまり肉
…200g
30分ほど
室温に置く

調味料

塩…小さじ2/3
黒こしょう…少々
おろしにんにく…小さじ1
サラダ油…小さじ1

電子レンジ マメ知識

牛肉の表面に塗った塩分に電磁波が吸収され、肉の表面から数㎜のところまで熱が通り、中はレアのロゼ色にでき上がります。

作り方のポイント

牛肉は焼く直前に
ペーパータオルで水分を取る。
耐熱皿に調味料を入れ、
牛肉を加えて、調味料を
牛肉の表面にからめて10分置く。

↓

ラップなしで、2分レンチン

↓

ボウルに氷を入れ、
加熱した牛肉をのせて、
位置を変えながら、表面を10分ほど冷やし、
粗熱がとれたら、5～6㎜厚さに切る。
小口切りにした万能ねぎを散らし、
わさびを添える。
しょうゆをつけて。

2分
レンチン
電子レンジでここまで
見事できれいなロゼ色の
ローストビーフに！

ビーフシチュー

材料［1人分］

・牛肉（焼肉用）
…50g
5cm長さ

・にんじん
…20g
輪切り

・じゃがいも
…30g
乱切り

たまねぎ・
…1/4個（50g）
くし形切り

さやいんげん・
…1本
3～4つに切る

調味料

ビーフシチュールウ（フレーク）
…大さじ1

作り方のポイント

耐熱ボウルに水150mℓを注ぎ、
ハヤシルウを入れて混ぜ、
牛肉を先に入れ、野菜は後から加える。

↓

ラップなしで、8分レンチン

↓

ひと混ぜする。

電子レンジ　マメ知識

肉じゃがにアレンジ。おろししょうが少々、しょうゆ、砂糖、酒各大さじ1を合わせて牛肉にからめます。耐熱ボウルに牛肉、野菜を入れ、クッキングシートをかぶせて小皿をのせ、ふんわりラップで6分レンチン。全体を混ぜます。

8分
レンチン

水にルウと材料を入れるだけ。
肉も野菜も驚くほど
やわらかな仕上がりに！

牛肉のしぐれ煮

材料［作りやすい分量（2人分）］

・牛ロース薄切り肉
…150g
3㎝長さ

しょうが・
…3枚
皮付き薄切り

調味料

しょうゆ…大さじ1
砂糖…大さじ1
酒…大さじ1

作り方のポイント

耐熱ボウルに調味料を合わせ、
牛肉としょうがを加えてよく混ぜる。

↓

クッキングシートをかぶせ、
小皿をのせ、
ふんわりラップで、6分レンチン

電子レンジ マメ知識

レンチン1回でできますが、加熱後ラップを外し、3分加熱して汁気を飛ばすと、さらにおいしくなります。冷蔵で5日間、冷凍で1カ月保存可能なので、作りおきに。

6分
レンチン

甘辛く牛肉を煮含めた一品。
ご飯のおかずに作りおいても便利

麻婆豆腐

材料［1人分］

・**豆腐（木綿）**
…1パック（200g）
水切りし、2.5㎝角

・**豚ひき肉**
…50g

・**長ねぎ（白いところ）**
…10㎝分
みじん切り

・**長ねぎ（青いところ）**
…5㎝分
小口切り

調味料

おろししょうが…小さじ1/2
おろしにんにく…小さじ1/2
しょうゆ…大さじ1
砂糖…大さじ1
ごま油…小さじ1
豆板醤…小さじ1/4
片栗粉…大さじ1/2

作り方のポイント

耐熱ボウルに長ねぎの白いところ、
調味料を入れ、熱湯1/2カップを注ぎ、
とろみがつくまで混ぜる。
ひき肉を加え、よく混ぜてほぐし、
豆腐を加える。

↓

ふんわりラップで、6分レンチン

↓

長ねぎの青いところを加え、
全体を混ぜる。

電子レンジ　マメ知識

片栗粉入りの調味料を熱湯で溶くととろみがつき、加えた豚ひき肉もほぐれます。油控えめでおいしく作る電子レンジ調理のワザです。

6分
レンチン

油控えめで
適度なとろみがあり、
しつこくない
麻婆豆腐です

つくねやっこ

材料［作りやすい分量（１人分）］

・鶏ひき肉（むね肉）…70g

・焼きのり（８枚切り）…２枚 ２つ切り

調味料

片栗粉…小さじ1/2
砂糖…小さじ１
しょうゆ…小さじ１

作り方のポイント

鶏ひき肉に片栗粉を加えて混ぜ、２等分して１cm厚さの円形にまとめ、焼きのりを両面にはる。
小さめの耐熱皿に砂糖としょうゆを合わせ、丸めたひき肉を加えてからめる。

↓

**ふんわりラップで、
1分30秒レンチン**

↓

白いりごまをつける。

電子レンジ マメ知識

鶏むね肉は、疲労回復効果が期待できるイミダゾールジペプチドが豊富。ひき肉だから丸めてレンチンですぐできます！ お弁当のおかずにも。

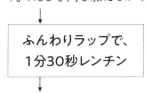

フライパンで焼いたような
でき上がりに。
お弁当にも重宝します

煮込みハンバーグ

材料［作りやすい分量（1人分）］

・合いびき肉
…100g

パン粉・
…大さじ2

・溶き卵
…1/2個分

調味料

塩…少々
こしょう…少々
〈ソース〉
・トマトケチャップ…大さじ2
・ウスターソース…大さじ2
・水…大さじ3

作り方のポイント

ボウルに塩、こしょうと合いびき肉を入れて
全体がなじむ程度に混ぜ、
サラダ油適量（分量外）をつけた手で
ハンバーグ形にまとめる。
耐熱ボウルに〈ソース〉を合わせ、
ハンバーグをのせ、
スプーンでソースをすくって上からかける。
↓
ふんわりラップで、
2分30秒レンチン

電子レンジ　マメ知識

最近のひき肉は脂肪が少なく赤身が多いので、こねると粘りが出てかたくなります。レンジ加熱では軽くまとめるだけでも崩れません。

驚くほどジューシーなハンバーグに！
焼き色はソースをかけてカバーします

コラム―1

市販のおかずは野菜を足しても

一から料理を作るのは、いいことですが、スーパーやお総菜屋さんで、好きなおかずを買って、手抜きをするのも1つの手。市販のおかずは味が濃くできているので、そんなときは、キャベツや小松菜、ほうれん草など、冷蔵庫にある野菜を切って、買ってきたおかずと一緒にレンチンします。

やり方はいたって簡単。耐熱皿に切った野菜を置き、その上にフタを取ったおかずのパックをのせて、レンチンするだけ。味がちょうどよくなり、野菜多めのおかずに変身です。その日食べたいおかずを買って、ぜひ、やってみてください。

市販の八宝菜＋キャベツ

塩味がほどよくなり、野菜多めのおかずに

市販のパックをそのまま使うので、ラップも不要。パックはレンジ可のものに限ります。

材料［1人分］

キャベツ…2枚（100g）
八宝菜（市販品）…1パック（100g）

作り方のポイント

耐熱皿にちぎったキャベツをのせ、
八宝菜のパックのフタを取ってパカッとかぶせる。
↓
3分レンチン → 全体を混ぜる。

2

電子レンジで
魚料理

和食は魚料理です。サバのみそ煮も
1分30秒レンチンでできます。
短時間で加熱するので魚の臭みを感じません。
1切れを調理できるのもいいところです。

魚料理

サバのみそ煮

材料［1人分］

・サバ（3枚おろし）
…1切れ（70g）
中骨ははずし、
皮に切り目を
入れる

ピーマン・
…1個（30g）
種を除き、
2つ切り

調味料

みそ…大さじ1
砂糖…大さじ1
酒…大さじ1
水…大さじ1

作り方のポイント

耐熱ボウルに調味料を合わせ、
サバは皮を上にして置き、
スプーンで調味料をすくってかけ、
ピーマンをのせる。

↓

ふんわりラップで、
1分30秒レンチン

電子レンジ マメ知識

サバの皮に切り目を入れるのは、サバをレンジで加熱したときに内部にたまる蒸気を切り目から外に逃がし、皮がはじけて飛び散るのを防ぐためです。

電子レンジだと、
魚の下処理なしでも
臭みを感じない！

イワシのしょうが煮

材料［1人分］

イワシ
（頭と内臓を除いたもの）
…中2尾
（正味150g）
皮に×の切り目を入れる

しょうが
…1/2かけ
（10g）
せん切り

調味料

しょうゆ…大さじ1
砂糖…大さじ1
酢…大さじ1

作り方のポイント

耐熱ボウルに調味料を合わせ、
イワシを加えてからめ、
しょうがをのせる。
↓
ふんわりラップで、3分レンチン

電子レンジ マメ知識

皮に切り目を入れるのは、はじけ防止。さらに落としぶた代わりに、ぴたりとラップをはりつければ、少量の煮汁でも味がしみ込みます。

煮汁は尾の先までからめて。
耐熱ボウルにはりつかず、
形よく仕上がります

カキのアヒージョ

材料［作りやすい分量（1〜2人分）］

赤唐辛子
…1本

にんにく
…1かけ

生カキ（生食用）
…200g
水気をきる

ローリエ
…1枚

調味料

オリーブオイル…大さじ2

作り方のポイント

耐熱ボウルに材料をすべて入れ、
オリーブオイルをまわしかける。

↓

ふんわりラップで、2分レンチン

電子レンジ マメ知識

アヒージョは、オリーブオイルとにんにくで煮込むスペイン料理です。魚介類や野菜で作ることが多く、にんにくと素材のうま味がしみ込んだオリーブオイルにバゲットを浸して食べるとおいしいです。電子レンジで手軽に作ります。写真のように耐熱の保存容器に入れてレンチンしても。そのまま保存できます。

カキがふっくら
仕上がって、
ワインの
おつまみに最適

サケのみそ焼き

材料［1人分］

サケ（甘塩）
… 1切れ（100g）
皮に切り目を入れる

調味料

みそ…大さじ1
砂糖…大さじ1
酒…小さじ1

作り方のポイント

ボウルに調味料を合わせ、
サケの両面に塗り、2～3分置く。
20㎝角のクッキングシートの中央にのせ、
表面のみそを除き、
クッキングシートの両端を持ち上げて
キュッとねじり、耐熱皿にのせる。

↓

ラップなしで、2分レンチン

↓

青じそと大根おろしを添える。

電子レンジ マメ知識

サケは破裂を防止するため、皮に切り目を入れます。漬け込みなしでおいしく仕上がります。調味料を塗ったあと、一晩冷蔵庫に置くと、身がかたくなってしまいます。

みそに漬け込む必要なし。
ラップなしでレンチンすれば
あぶり焼きしたように！

エビチリ

材料［1人分］

・無頭エビ
…10尾（100g）
背わたを除き、
尾は斜めに切り、
足は落とす

長ねぎ・
（白いところ）
…10㎝分
斜め切り

調味料

おろしにんにく…小さじ1/4
トマトケチャップ…大さじ3
水…大さじ3
酒…大さじ1/2
片栗粉…小さじ1/2
ごま油…小さじ1
豆板醤…小さじ1/4

作り方のポイント

耐熱ボウルに調味料を合わせ、
エビと長ねぎを加える。

↓

ふんわりラップで、4分レンチン

↓

乱切りにしたきゅうりを添える。

電子レンジ マメ知識

フライパンで炒めないので、風味づけ程度にごま油を使います。ギトギト脂っこくないエビチリに仕上がり、さっぱりいただけます。

4分
レンチン

エビチリだって作れます。
油は風味づけ程度の
ヘルシー中華です

イカのつや煮

材料［作りやすい分量（1～2人分）］

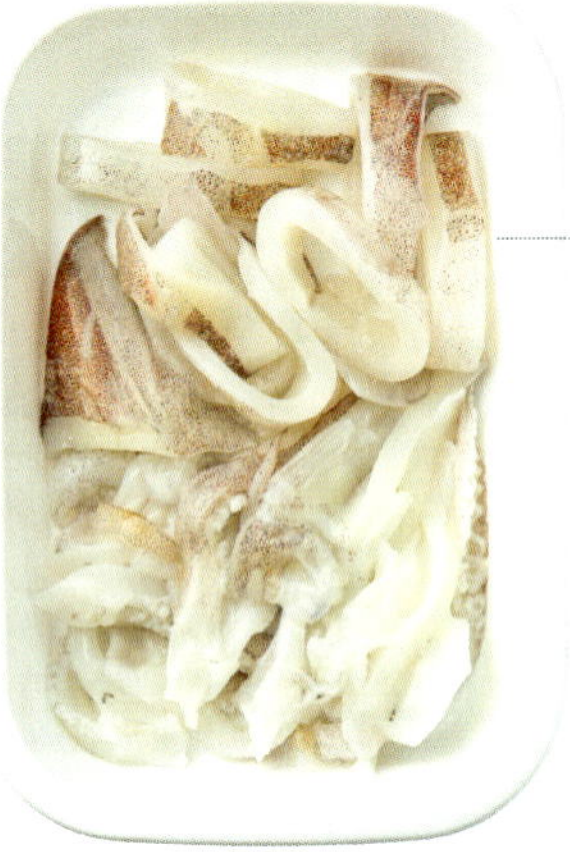

・イカ
… 1杯（正味200g）
胴は輪切り、
ゲソは 2～3本
ずつに切る

調味料

しょうゆ…大さじ1
砂糖…大さじ1
〈とろみ〉
・片栗粉…小さじ1/2
・水…小さじ1

作り方のポイント

耐熱ボウルにしょうゆ、砂糖を合わせ、イカを加えて混ぜる。

↓

ふんわりラップで、3分レンチン

↓

〈とろみ〉を煮汁に加えて混ぜ、とろみをつける。
輪切りにしたかぼすを添える。

電子レンジ マメ知識

イカの胴は輪切りにし、ゲソも切るので、破裂防止の切り目は不要。イカは低カロリー高たんぱく、悪玉コレステロール排出効果のあるタウリンを豊富に含みます。血栓症の予防にも。

3分
レンチン

レンチンのあとに、
片栗粉を加えても
余熱でつやつやに

アサリの酒蒸し

材料［1人分］

アサリ（砂抜きずみ）
…200g
ボウルにはった
水の中で、殻同士を
こすり合わせて洗い、
ざるに上げる

調味料

酒…大さじ1

作り方のポイント

耐熱ボウルにアサリ入れ、
酒をまわしかける。

↓

ふんわりラップで、2分レンチン

↓

アサリの口が全部開いたら取り出し、
くし形に切ったレモンを添える。

電子レンジ マメ知識

アサリは塩分濃度3%の海水の中で生息しています。調味料は酒だけでも、ほどよい塩味が出ます。レモンを絞りかければ十分な味わいです。

2分
レンチン

アサリのコハク酸は
うま味成分。
調味料は酒だけの
速攻メニュー

タラチリ

材料［1人分］

木綿豆腐
…100g
半分に切る

えのきたけ
… 1パック
（100g）
根元を落とし、
半分に切り、
ほぐす

タラ（甘塩）
… 1切れ（70g）
皮に×の切り目を
入れる

長ねぎ
… 1本（100g）
せん切り

作り方のポイント

耐熱ボウルに材料をすべて入れ、
水1カップを注ぐ。

↓

ふんわりラップで、6分レンチン

↓

ポン酢しょうゆ、
もみじおろしを添える。

電子レンジ マメ知識

土鍋などのひとり用鍋があれば、材料をすべて入れてレンチンするだけで、アツアツのお鍋の完成。鍋が熱くなっているので取り出しには気をつけてください。

6分
レンチン

少人数の鍋料理なら、
電子レンジにおまかせ！

コラム 2

生もの、料理の解凍のコツ

冷凍した肉、魚、野菜などは、どの食材でも電子レンジ弱（150〜200W）で半解凍し、それから切り分けて刺し身にしたり、調理にかかります。凍った魚をそのまま煮ると、酵素が働かず、おいしくできません。ペーパータオルにのせ、ラップはせずに100gにつき、弱（150〜200W）または解凍キーで2分加熱します。

冷凍した料理は種類を問わず、100gにつき、600Wで2分加熱すればアツアツに。カレーやシチューなど、とろみのあるものは途中で混ぜることで、ムラなく温められます。ご飯の温め方も参考にしてください。

ご飯の解凍・加熱

解凍はご飯茶わん1杯分（150g）につき、ラップをかけて、600Wで2分30秒加熱。温めすぎるとカチカチになるので、要注意！

冷やご飯を温めるときは

冷やご飯をレンチンすると、パサつくことがありませんか？それはご飯粒に含まれる水分が、加熱によって水蒸気に変わったから。ご飯茶わん1杯分につき、水大さじ1をかけて、ふんわりラップをし、600Wで1分30秒加熱すると、炊き立てのようになります。

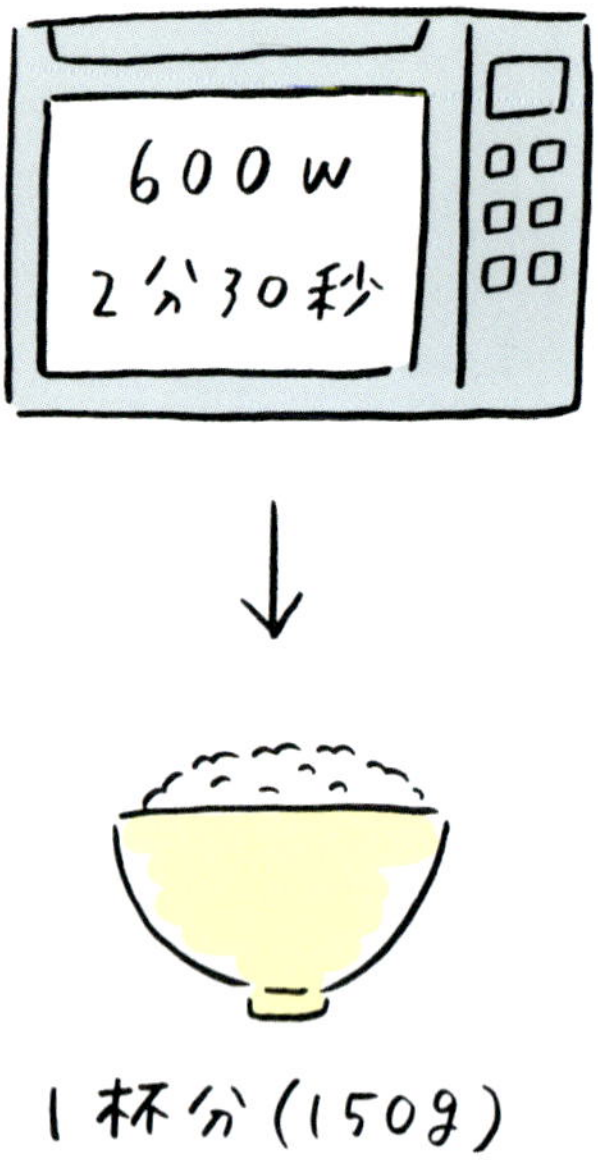

ご飯を冷凍するときは
耐熱容器にアツアツを詰め、
フタをする。
冷めてから冷凍庫へ。

3

電子レンジで 卵・豆腐・豆料理

ゆで卵、1個ゆでるのは面倒……。
でも、電子レンジなら1個からゆでられます。
温泉卵ももちろん！ たんぱく質が豊富な豆腐、豆も
レンジで気軽に料理していただけます。

温泉卵

黄身はとろりと、白身は半熟状の温泉卵のでき上がり

材料［1人分］

卵…1個（50g）

作り方のポイント

マグカップに
水大さじ3を入れ、
冷蔵庫から出したばかりの
卵を割り入れる。

↓

皿をかぶせ、1分レンチン

↓

だし小さじ1、
しょうゆ小さじ 1/2 をかける。

電子レンジ マメ知識

必ず卵は水がかぶっていることを確認しましょう。水から出ているときは、大さじ1ほど追加します。卵を水中に沈めることで破裂を防ぎ、電子レンジで水温を70℃まで上げて作ります。

ゆで卵

電子レンジ調理なら、ゆで卵1個からでも作れます

材料［1人分］

卵…1個（50g）

作り方のポイント

25×25cmのアルミホイルに卵を包む。
耐熱容器に水1カップを注ぎ、
卵を入れる。

↓

ラップをして、14分レンチン

電子レンジ マメ知識

水をはったとき、アルミホイルに包んだ卵が全部浸かる容器を選びます。水に電磁波が当たるので、アルミホイルのパチパチは起こりません。半熟卵は7分レンチンでOK!

茶碗蒸し

材料［1人分］

しめじ
… 5〜6本
石突きを取って
ほぐす

かまぼこ
… 1切れ

溶き卵
… 1個分
（50g）

みつば
… 1本
熱湯をかけて
しんなりしたら
片結び

調味料

だし…100mℓ
みりん…小さじ1
しょうゆ…小さじ1

作り方のポイント

ボウルに調味料を合わせ、
溶き卵を加えてこす。
耐熱の器にしめじ、
かまぼこを入れ、卵液を注ぎ、
ぴったりとラップをかける。
アルミホイル（マメ知識参照）をかぶせる。

↓

2分レンチン

↓

みつばと松葉に切った柚子の皮をのせる。

電子レンジ マメ知識

アルミホイル（10×10cm）を用意し、器にかぶせて型をつけ、中央を直径4cmくらいに丸く切り抜き、縁の角は切り落として丸くします。レンチン後、卵液がゆるいときは、さらに30秒〜1分加熱します。

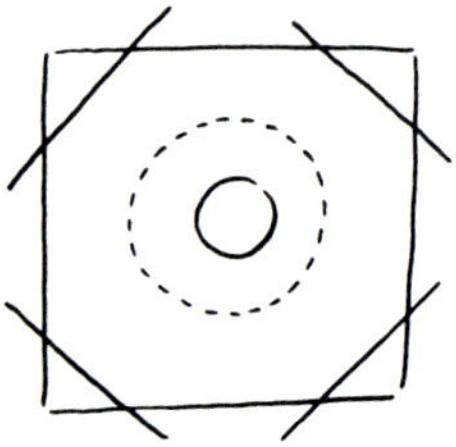

1人分の茶碗蒸しが、〝す〟が入らず、なめらかにできます

アサリ豆腐

材料［1人分］

・アサリのむき身（缶詰）
…大さじ2（20g）
汁気をきり、
汁はとっておく。

しめじ・
…1/2パック
（50g）
石突きを
取って
小房に分ける

・絹ごし豆腐
…100g

調味料

だし（アサリの缶汁＋水）
…1/2カップ
しょうゆ…小さじ1
酒…小さじ1

作り方のポイント

耐熱ボウルに豆腐を入れ、
まわりにアサリとしめじを入れ、
調味料をかける。

↓

ふんわりラップで、3分レンチン

↓

アサリとしめじを豆腐の上にのせ、
小口切りにした万能ねぎを散らす。

電子レンジ　マメ知識

アサリは缶詰を使います。缶汁はとっておき、水を足してだし代わりに使いましょう。

淡泊な豆腐にアサリの
うま味が加わった
あっさり味の和風煮ものです

いり豆腐

材料［作りやすい分量（1人分）］

溶き卵
…1個分
（50g）

にんじん
…3㎝分
（30g）
せん切り

さやいんげん
…2本（8g）
筋を取って斜め薄切り

生しいたけ
…1枚
石突きを取って
細切り

木綿豆腐
…100g

調味料

塩…小さじ1/5
砂糖…大さじ1
片栗粉…小さじ1
ごま油…小さじ1/2

作り方のポイント

耐熱ボウルに豆腐を入れ、
泡立て器で突きくずし、
野菜と調味料を加えて混ぜる。
溶き卵を流し入れる。

↓

ふんわりラップで、3分レンチン

↓

全体を混ぜる。

電子レンジ マメ知識

溶き卵を流し入れてレンチンしますが、加熱が終わったら電子レンジからすぐに取り出して全体を混ぜ、余熱で火を通します。

3分
レンチン

やさしい味の卵料理。
具材を少し変えて
アレンジしても

厚揚げの煮もの

材料［作りやすい分量（1～2人分）］

厚揚げ
…1枚（200g）
縦半分に切り、
さらに1cm幅

調味料

しょうゆ…大さじ1
酒…大さじ1
砂糖…大さじ1
水…大さじ3

作り方のポイント

耐熱ボウルに調味料を合わせ、
厚揚げを加える。

↓

クッキングシートをかぶせ、
小皿をのせ、ふんわりラップで、
5分レンチン

↓

煮汁をかけ、
おろししょうがをのせる。

電子レンジ マメ知識

少ない煮汁でも、クッキングシートと小皿の落としぶた効果で、味が全体にまわります。

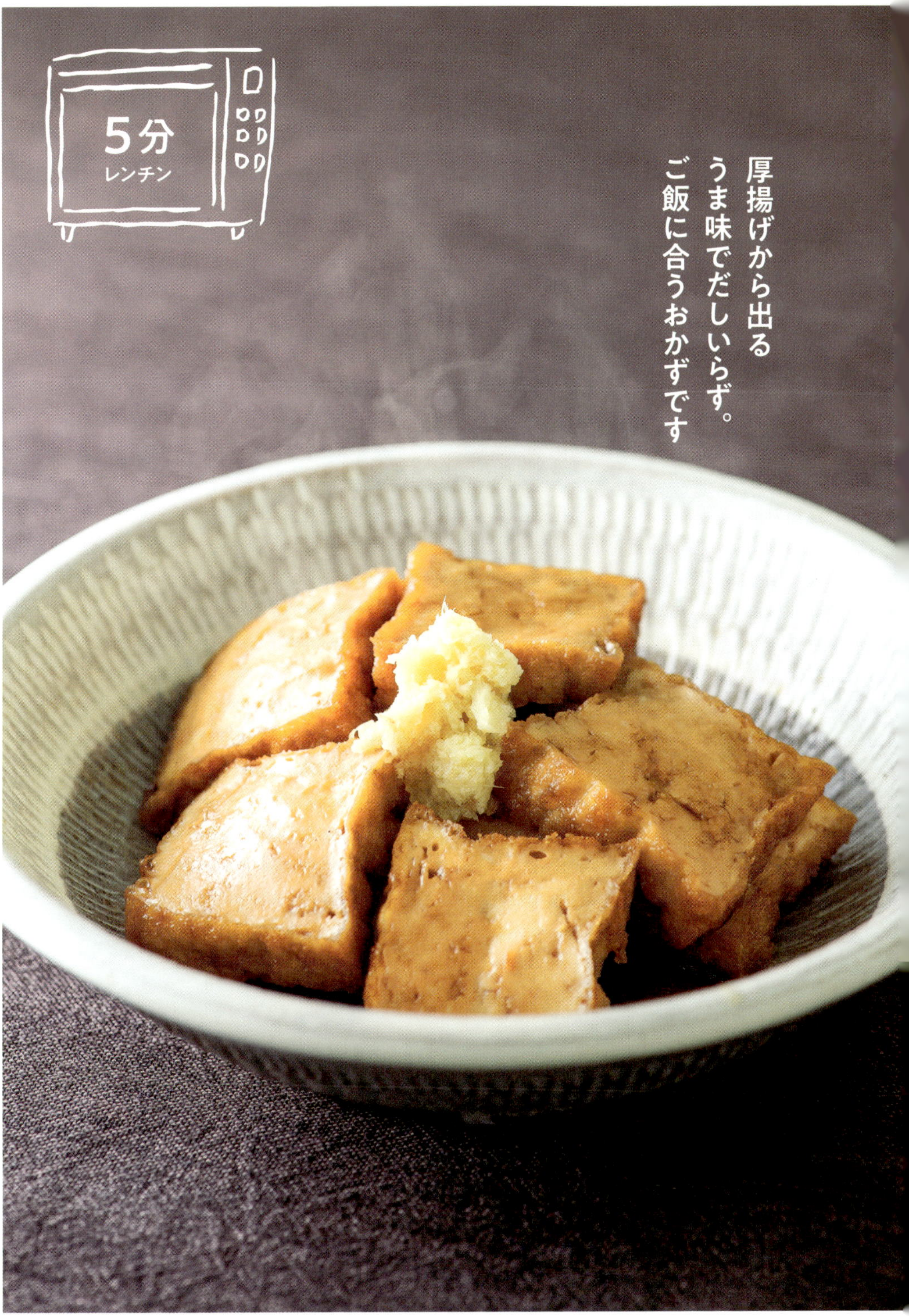
5分
レンチン
厚揚げから出る
うま味でだしいらず。
ご飯に合うおかずです

大豆の五目煮

材料［作りやすい分量（2人分）］

大豆（缶詰・無水ゆで）
…1缶（110g）

こんにゃく（あく抜きずみ）
…1/2枚　1cm角

昆布（5×5cm）
…1枚　1cm角

にんじん
…小1/3本
1cm角

ごぼう
…小1/3本
7mm角
水にさらし、
あくを抜く

調味料

しょうゆ…大さじ1
砂糖…大さじ1
酒…大さじ2

作り方のポイント

耐熱ボウルに調味料を合わせ、
材料すべてと水1カップを加える。

↓

**クッキングシートをかぶせ、
小皿をのせ、ふんわりラップで、
8分レンチン**

↓

全体を混ぜる。

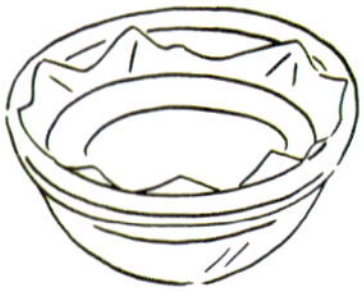

電子レンジ　マメ知識

クッキングシートと小皿を活用して、少ない煮汁でもしっかり味をしみ込ませます。冷蔵で5日、冷凍で1カ月保存がきくので少し多めに作っておいても。

8分
レンチン

少ない煮汁で煮込んでも、
大豆に味がしっかり
しみ込みます

おからのいり煮

材料［2人分］

おから
…100g

油揚げ
…1枚 細切り

ちりめんじゃこ
…大さじ2

にんじん
…大1/2本
イチョウ切り

こんにゃく
…1/4枚
粗みじん切り

生しいたけ
…2枚
石突きを
取って薄切り

調味料

砂糖…大さじ2
しょうゆ…大さじ1
ごま油…大さじ1

作り方のポイント

耐熱ボウルにおから以外の
材料すべてと
調味料を入れて混ぜ、
おからを加えて混ぜる。

↓

ラップなしで、8分レンチン

↓

小口切りにした万能ねぎを加えて混ぜる。

電子レンジ マメ知識

いっていないのに、いり煮風に仕上げるには、ラップなしでレンチンです。適度に水分が飛んで、いったように仕上がります。

8分
レンチン
作りおきして、食卓にもよし。
ヘルシーなおからのおかずです

便利な小ワザ

コラム 3

素材の下準備や調理のプロセスには、手間と時間がかかることが多いのですが、電子レンジを使えば、時間をかけずにすみます。例えば、「ごまをいる」なら、小さ目の耐熱ボウルにごま大さじ1を入れて、小皿でフタをし、６００Ｗで2分加熱すると、パラパラに。「バターをやわらかくする」なら、耐熱ボウルにバターを入れ、小皿でフタをし、大さじ1につき20秒加熱でＯＫ。また、「固くてスプーンが入らないアイスクリームを食べやすくする」といった小ワザも。１カップ（１２０ｇ）につき、弱（１５０〜２００Ｗ）で30秒加熱を目安にします。

豆腐の水切り

豆腐をペーパータオルに包んで、
耐熱ボウルに入れる。

↓

1カップの水を入れた
耐熱ボウルをのせ、
重石にする。

↓

1パック（200g）につき、
電子レンジ600Wで4分加熱する。

麻婆豆腐や白あえなど、
このひと手間で
よりおいしくなります。

4

電子レンジで

野菜料理・漬けもの

生活習慣病を防ぐためにも、野菜をとります。
電子レンジなら湯を沸かさずにゆでられて、
鍋でゆでるよりビタミンが多く残ります。
副菜や作りおきにいい料理を紹介しています。

ほうれん草のごまあえ

材料［1人分］

調味料

すりごま（白）…大さじ1
砂糖…小さじ1
しょうゆ…小さじ1

作り方のポイント

洗った水がついたまま
ポリ袋に入れ、
袋の口はしめずに
耐熱皿にのせる。

↓

2分レンチン

↓

冷水に取り、
ざるに上げてかたく絞り、
1.5cm長さに切る。
ボウルにほうれん草を入れ、
すりごまを加えてまぶし、
砂糖を加えて混ぜ、
最後にしょうゆを加える。

電子レンジ マメ知識

ほうれん草は切る前に水で洗い、水がついたままの状態でポリ袋に入れます。適度な水分があるのでうまくゆで上がります。しかも、お湯でゆでるよりも栄養を逃さないので、一石二鳥！

2分
レンチン

香ばしいごまのあえごろもでほうれん草のおいしさが引き立ちます

チンゲンサイの卵とじ

材料［1人分］

・チンゲンサイ
…100g
3㎝長さ

溶き卵・
…1個分
（50g）

調味料

酒…大さじ1
しょうゆ …小さじ1
砂糖…小さじ1
和風だしのもと…小さじ1/4
片栗粉…小さじ1/2
水…大さじ1

作り方のポイント

耐熱ボウルに調味料を合わせ、
チンゲンサイの葉、茎の順に加える。
溶き卵を流し入れる。

↓

ふんわりラップで、3分レンチン

↓

全体を混ぜる。

電子レンジ マメ知識

チンゲンサイの茎の根元は厚いので、縦に6～8等分に切ります。ボウルに入れるとき、葉に比べ茎はやや火が通りにくいため、葉の上に置きます。溶き卵は混ぜないでレンチンを。

野菜はしんなり、
卵はふっくらの
おいしい卵とじができます

グリーンピースの甘煮

材料［作りやすい分量（2〜3人分）］

・グリーンピース（冷凍）…100g

調味料

砂糖…大さじ1
酒…大さじ1/2
しょうゆ…小さじ1/2

作り方のポイント

耐熱ボウルに水 1/2 カップを注ぎ、
調味料を加えて混ぜ、
グリーンピースを入れる。

↓

クッキングシートをかぶせ、
小皿をのせ、
ふんわりラップで、5分レンチン

↓

取り出し、そのまま冷ます。

電子レンジ　マメ知識

加熱後は電子レンジから取り出し、そのまま冷まして味を含ませます。小出しに使える冷凍のグリーンピースは重宝します。冷凍のままレンチンして。

上品な甘みが
口いっぱいに広がります。
短時間でおしゃれな副菜に

切り干し大根の煮もの

材料［作りやすい分量（2～3人分）］

切り干し大根
…20g
洗って
かたく絞り、
3㎝長さ

削り節
…小1パック
（3g）

油揚げ
…1/2枚（20g）
短冊切り

調味料

砂糖…大さじ1
しょうゆ…小さじ1
和風だしのもと…小さじ1/4

作り方のポイント

耐熱ボウルに水1カップを注ぎ、
調味料を加えて混ぜ、
材料すべてを入れて混ぜる。

↓

クッキングシートをかぶせ、
小皿をのせ、
ふんわりラップで、8分レンチン

↓

室温で味を含ませる。

電子レンジ マメ知識

切り干し大根の持つ甘みを残すため、水で戻しません。加熱したら冷めるまで置き、油揚げや削り節から出たうま味を含ませるのがおいしく仕上げるコツ。

8分
レンチン

油揚げや削り節の
うま味がしっかり
しみ込んだ切り干し大根の
煮ものです

きんぴられんこん

材料［作りやすい分量（1人分）］

・**れんこん**
…100ｇ
半月切り

調味料

しょうゆ…大さじ 1/2
砂糖…大さじ 1/2
ごま油…大さじ 1/2
赤唐辛子（輪切り）… 2個

作り方のポイント

れんこんは酢大さじ1（分量外）、
水 1/4 カップの酢水にくぐらせ、
ざるに上げる。
耐熱ボウルに調味料を合わせ
れんこんを加えてからませる。

↓

クッキングシートをかぶせ、
小皿をのせ、
ふんわりラップで、2分レンチン

電子レンジ　マメ知識

れんこんは“酢水”につけると、加熱後の変色を防ぐことができ、きれいに仕上がります。少しの手間で、おいしくいただけるちょっとしたコツです。

れんこんの
シャキシャキした歯ごたえが
魅力のおかずです

たけのこの土佐煮

材料［2人分］

・たけのこ（水煮）
…100g
穂先は5cm長さで、4～6等分
根元は半月切り

削り節・
…小1パック（3g）

調味料

和風だしのもと…小さじ1/4
酒…大さじ1
砂糖…大さじ1

作り方のポイント

耐熱ボウルに水 1/4 カップを注ぎ、
調味料を加えて混ぜ、
たけのこを入れる。

↓

クッキングシートをかぶせ、
小皿をのせ、
ふんわりラップで、3分レンチン

↓

ざるに上げて汁気をきり、
削り節をまぶす。
木の芽をたたいて添える。

電子レンジ マメ知識

たけのこは水煮を使うと便利。スーパーなどで年中手に入ります。やわらかい穂先は長さ5cmくらいに切って4～6等分し、根元の方は幅1cmの半月切りにします。

3分
レンチン

削り節を使っているから土佐煮。
たけのこの水煮で手軽にできます

コンビーフキャベツ

材料［1人分］

コンビーフ
…小1/2缶
（50g）
ほぐす

キャベツ
…2枚
（100g）
4㎝角

調味料

鶏がらスープのもと（顆粒）
…小さじ1/4
こしょう…少々

作り方のポイント

耐熱ボウルに材料すべてを入れ、調味料を加えて混ぜる。

↓

ふんわりラップで、3分レンチン

↓

全体を混ぜる。

電子レンジ マメ知識

コンビーフは常備しておくと便利な食材です。油を入れなくても、コンビーフの油が適度に出て、炒めもののような一品に。

3分
レンチン

油を使わなくても、
炒めたように仕上がります

辣白菜《ラーパーツァイ》

材料［作りやすい分量（2人分）］

・白菜
…1/4株
（200g）
斜め細切り

・赤唐辛子
（輪切り）
…2個

調味料

酢…大さじ2
砂糖…大さじ2
ラー油…小さじ1
しょうゆ…小さじ1/2

作り方のポイント

耐熱ボウルに白菜を入れ、
赤唐辛子と
塩小さじ 1/2（分量外）をふって
ざっと混ぜる。

↓

ふんわりラップで、3分レンチン

↓

粗熱がとれたら、
汁気を絞ってボウルに戻し、
調味料を加えてあえる。

電子レンジ マメ知識

辣白菜は、白菜を塩漬けにして甘酢やラー油であえて作る前菜です。塩をふって、重石代わりにレンチンをして、短時間でしんなりさせます。

冷蔵庫で1週間は
保存できる
手軽な中華サラダです

蒸しなす

材料［1人分］

・なす
…100g
皮をむき、
へたを
切り落とす

作り方のポイント

なすはラップでぴっちり包む。
耐熱皿になすを置く。

↓

2分レンチン

↓

ラップごと冷水につけて冷まし、
ラップを外し、食べやすい長さに切る。
おろししょうが、削り節を添え、
しょうゆをかける。

電子レンジ　マメ知識

塩水にくぐらせ、ラップで包み、2分レンチンすれば、ポリフェノールオキシダーゼの働きがストップして、さらにきれいな翡翠色に仕上がります。みそ、食べるラー油など、好きな調味料をつけてどうぞ。

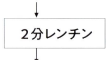

蒸しなすは
薬味や調味料を変えれば、
いろいろ楽しめる
万能おかず

ラタトゥイユ

材料［作りやすい分量（2人分）］

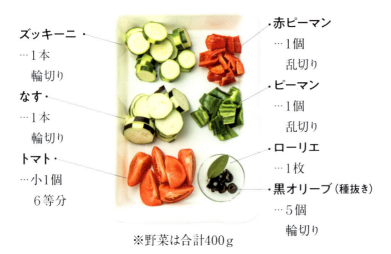

- **ズッキーニ** …1本　輪切り
- **なす** …1本　輪切り
- **トマト** …小1個　6等分
- **赤ピーマン** …1個　乱切り
- **ピーマン** …1個　乱切り
- **ローリエ** …1枚
- **黒オリーブ**（種抜き）…5個　輪切り

※野菜は合計400g

調味料

塩…小さじ1/2
こしょう…少々
オリーブ油…大さじ1

作り方のポイント

耐熱ボウルに材料をすべて入れ、調味料を加える。

↓

クッキングシートをかぶせ、小皿をのせ、ふんわりラップで、10分レンチン

↓

全体を混ぜる。

電子レンジ　マメ知識

野菜の総重量が400gなら、このレシピでOK。たまねぎを加えても。ズッキーニがなくても、トマトはミニトマトでもいいです。加熱後まんべんなく混ぜると、コトコト煮込んだようになります。冷蔵庫で冷たくしたものも美味。また、水を加えて具だくさんスープにしても。

地中海沿岸の
おふくろの味。
クタクタがおいしいので
長めに加熱

かぼちゃの甘煮

材料［作りやすい分量（2人分）］

・かぼちゃ
…200g（正味）
6〜7等分
皮をところどころむく

レモン・
（輪切り）
…4枚

調味料

砂糖…大さじ2

作り方のポイント

耐熱ボウルにかぼちゃの皮を下にして入れ、砂糖をふりかけ、レモンをのせる。

↓

ふんわりラップで、4分レンチン

↓

熱いうちにかぼちゃを裏返して
皮のつやを出す。

電子レンジ マメ知識

かぼちゃはかたい皮を下にして、熱のまわりのよい耐熱ボウルの縁にはりつけるように置くのがポイント。竹串を刺してみてスーッと通ればOK。かたい場合は、さらに電子レンジで1分加熱。冷凍でも加熱時間は変わりません。

レモンが落としぶたの
役目をして
味がよくまわります

ポテトサラダ

材料［作りやすい分量（2人分）］

じゃがいも …1個（150g）

たまねぎ …1/8個（25g）薄切り

にんじん …15g 細切り

調味料

塩…小さじ1/5
酢…小さじ2
マヨネーズ…大さじ1

作り方のポイント

じゃがいもは破裂防止に
フォークで突いて穴をあける。
ポリ袋に入れ、
口は閉じずに耐熱皿にのせる。

↓

3分レンチン

↓

ボウルにたまねぎとにんじんを入れ、
塩をふってしんなりするまでもみ、
酢をかけてほぐす。
じゃがいもの皮をむき、
フォークでつぶし、加える。
マヨネーズを加えてあえる。
刻みパセリをふる。

電子レンジ マメ知識

じゃがいもは、竹串がスーッと通るようになるまで加熱。まだかたいときは、さらに1分ほど加熱します。

3分
レンチン

ポテトサラダは
できたてがいちばん！
マヨネーズの量は
いつもの半分で

さつまいもと鶏肉の煮もの

材料［作りやすい分量（2人分）］

さつまいも
…小1本
（200g）
輪切り

鶏こま切れ肉
…50g

調味料

オイスターソース…大さじ1
ラー油…小さじ1

作り方のポイント

さつまいもは水に10分ほど浸して
あく抜きし、ざるに上げる。
耐熱ボウルに鶏肉とオイスターソース、
ラー油を入れて混ぜ、さつまいもをのせる。

↓

クッキングシートをかぶせ、
小皿をのせ、
脇から水1/4カップを注ぐ。
ふんわりラップで、6分レンチン

↓

全体を混ぜる。

電子レンジ マメ知識

さつまいもに竹串を刺してみてスーッと通るようであればOK。まだかたいようなら、さらに1分ほど加熱。鶏肉は味がしっかり、さつまいもはシンプルにそのまま仕上げるために上に置いてレンチンします。

6分
レンチン
さつまいもの甘さが
引き立ち、
鶏肉にもしっかり
味がついた一品

しめじのマリネ

材料［作りやすい分量（1～2人分）］

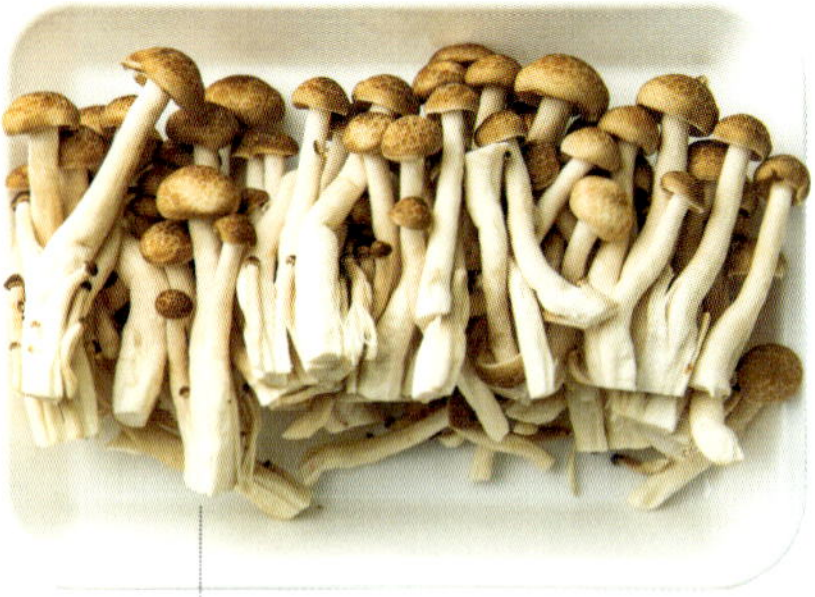

しめじ
…1パック（100g）
石突きを取り、ほぐす

調味料

酢…大さじ1
サラダ油…大さじ1
しょうゆ…小さじ1
ローズマリー…少々

作り方のポイント

耐熱ボウルに調味料を合わせ、
しめじを加える。

↓

クッキングシートをかぶせ、
小皿をのせ、
ふんわりラップで、2分レンチン

↓

粗びき黒こしょうをふる。

電子レンジ マメ知識

ローズマリーをちぎって入れると、きのこ特有のくせが消え、ハーブのいい風味がつきます。保存料の役目もします。

2分
レンチン

しめじが水っぽくならず、
弾力ある歯ざわりに。
しょうゆ味のマリネです

生しいたけのベーコンソテー

材料［1人分］

生しいたけ
…1パック（120g）
2〜4つに切る

ベーコン
…1枚
細切り

調味料

しょうゆ…小さじ1
みりん…小さじ1
オリーブ油…小さじ1

作り方のポイント

耐熱ボウルに材料すべてを入れ、
調味料を加えてざっと混ぜる。

↓

ラップをはりつけるようにかけ、
2分レンチン

↓

小口切りにした万能ねぎを加えて混ぜる。

電子レンジ マメ知識

ベーコンの脂だけで十分おいしいのですが、ほんの少しオリーブ油を加えることで、オレイン酸効果でヘルシーになります。

ベーコンのうま味が
しいたけにしみ込んで
味わい深い一品に

ピリ辛こんにゃく

材料［作りやすい分量（2人分）］

・こんにゃく（黒）
…1枚（200g）
一口大

赤唐辛子・
（輪切り）
… 2～3個

調味料

しょうゆ…大さじ1
ごま油…小さじ1

作り方のポイント

耐熱ボウルに調味料を合わせ、
材料すべてを加えて混ぜる。

↓

ラップなしで、8分レンチン

↓

全体を混ぜる。

電子レンジ マメ知識

水分を飛ばすためにラップはかけずにレンチンします。こんにゃくを切るときは、スプーンでかき取るとやりやすいです。

8分
レンチン

ラップなしでレンチンすれば、
カラッとした
いり煮風の仕上がりに

甘酢しょうが

材料［250mℓ容量の瓶１個分］

・しょうが
…100g（正味）
皮をむいて
薄切り

調味料

酢…50mℓ
砂糖…大さじ3
塩…小さじ1/2

作り方のポイント

瓶に水大さじ2を注ぎ、
調味料を加えて混ぜ、
しょうがを入れる。

↓

ふんわりラップで、30秒レンチン

↓

ラップの上からふたをしめる。
30分後からおいしく食べられる。

電子レンジ マメ知識

新しょうがの場合は皮をむかなくてもOK。保存瓶に塩を溶かした甘酢を入れ、野菜を浸してレンチンすると、そのまま保存ができる漬けものになります。冷蔵すれば1年間保存可能。

30秒
レンチン

少量の漬けもの作りに
電子レンジが大活躍します

白菜漬け

材料［でき上がり200g］

・白菜
…1/4株（250g）
茎は3〜4㎝角、
葉は4〜5㎝角

赤唐辛子・
（輪切り）
…5〜6個

昆布（3×5㎝）・
…1枚
細切り

・柚子
（輪切り）
…1枚

調味料

塩…小さじ1/2

作り方のポイント

ポリ袋に材料すべてを入れ、
塩を加えて、口を閉じて、まぶす。
空気を抜いて袋の口を折る。
折った口を下側にする。

↓

1分レンチン

↓

粗熱がとれたら、
袋の外からギュッギュッともんで
白菜をしんなりさせる。
室温まで冷めたら、水気を絞る。

電子レンジ　マメ知識

一口大に切った白菜に塩をふって、たった1分レンチンするだけで、浅漬け風になります。加熱後よくもむのがおいしくするコツです。

4分の1株からできる
白菜の浅漬け。
もう一品というときに
重宝します

ミックスピクルス

材料［450mℓ容量の瓶1個分］

・カリフラワー
…100g
小房に分ける

・にんじん
…先の方4cm（20g）
輪切り

・小たまねぎ
…4個（40g）
薄皮をむく

赤ピーマン・
…1/6個
（5g）
乱切り

きゅうり・
…1/2本（50g）
輪切り

〈スパイス〉・
・ローリエ…1枚
・赤唐辛子…1/2本
・シナモン棒…2cm程度
・黒粒こしょう…5粒

調味料

〈ピクルス液〉
・酢…100mℓ
・水…50mℓ
・砂糖…50g
・塩…小さじ1/2

作り方のポイント

ボウルに野菜を入れ、
塩小さじ1/2（分量外）をまぶす。
瓶に移し、〈スパイス〉を詰める。
〈ピクルス液〉を合わせ、
砂糖が溶けるまで混ぜ、
瓶の口から1cm下のところまで注ぐ。

↓

ふんわりラップで、30秒レンチン

↓

ラップの上からふたをきっちりしめる。
30分後からおいしく食べられる。

電子レンジ マメ知識

にんじんやきゅうりなどはギザ刃（チーズカッター）で輪切りにすれば、味がしみ込みやすくなります。常温で6カ月保存可能。

30秒
レンチン

色とりどりのピクルスも
たった30秒の加熱で
30分後にはおいしく漬かる！

ぬか漬け

材料［作りやすい分量］

きゅうり
…1本
皮をしま状にむく

ぬか床（市販品）
…大さじ4

大根
…30g
棒状に切る

にんじん
…小1/3本（30g）
棒状に切る

作り方のポイント

ポリ袋にぬか床を入れ、野菜を加え、
空気を抜いてぐるぐると巻く。
耐熱皿にのせる。

↓

30秒レンチン

↓

ポリ袋ごと冷水につけて冷まし、
袋の外からもんで野菜がしんなりしたら、
ぬかを洗う。

電子レンジ マメ知識

ぬか床は市販のものを使います。価格はばらつきはありますが、1kg1000円前後。ポリ袋に入れたときに空気を抜いてぴったり巻くのがポイントです。

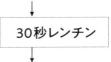

市販のぬか床を使って、30秒レンチンでできる定番ぬか漬け

いちごジャム

材料［でき上がり1/2カップ分（120g）］

- いちご（へたを取ったもの）…100g
- 砂糖…50g
- レモン汁…大さじ1

作り方のポイント

いちごの量の3倍以上の大きさの耐熱ボウルにいちごを入れ、砂糖、レモン汁の順にかけて混ぜる。

↓

ラップなしで、5分レンチン

↓

熱いうちに、完全に乾いている瓶に詰め、ふたをする。冷めると、とろみがつく。

電子レンジ マメ知識

いちごは加熱したとき、ふきこぼれやすいので、いちごの量の3倍量のボウルを用意します。スピード加熱で作るジャムは、ポリフェノール類のアントシアニンなどの減少が少なく、抗酸化物質も豊富に残ります。手作りのジャムは甘みを好みに合わせて増減できるところも魅力。

5分
レンチン

いちご100gから作るジャム。
残った果物を利用しても

乾燥させる

ラップやフタをしないで電子レンジで加熱すると、食材の中の水分は１７００倍の体積の蒸気になって蒸発。冷めると乾燥品に変わります。

かぼちゃやさつまいも、にんじん、れんこん、りんごなどをスライスしてレンチンするだけで、油を使わないヘルシーチップが完成。水分が飛ぶにつれ、食材の糖分濃度が上がり、焦げやすくもなります。

湿気たおせんべいはパリパリに、のりも同様です。油を使わずに食パンの耳をラスクに、それをミキサーにかければパン粉に。余ったパセリはドライパセリに活用できます。

乾燥させてできるもの

- ポテトチップ
- かぼちゃチップ
- さつまいもチップ
- にんじんチップ
- れんこんチップ
- りんごチップ
- ごまと削り節
- たらこと七味唐辛子
- じゃことわかめ
- せんべい、のりがパリパリに
- ラスク、パン粉
- ドライハーブ

のりはそのまま、1枚につき600Wで20秒レンチン。パリパリになります。

5

電子レンジで 米・麺料理

ご飯も電子レンジで炊けます。麺料理も得意。
炒めて作る焼きそばやパスタ料理も
レンチンなら油は風味づけ程度です。
献立に加えたい汁ものも一杯からできます。

ご飯

材料［2人分］

・米
…1カップ
（160g）
洗って水切り

作り方のポイント

耐熱ボウルに米を入れ、
水 260mℓを注ぐ。

↓

両端あけラップで、5分レンチン

↓

沸騰したことを確かめる。

↓

弱（150～200W）または
解凍キーで12分レンチン

電子レンジ マメ知識

米を1カップ炊く場合、耐熱ボウルは直径21～22cmがちょうどいいサイズです。米が沸騰したとき、ふきこぼれないサイズを選ぶのがポイント。炊き立てのご飯にはお漬けものを添えて。定番のぬか漬けも電子レンジで作ることができます。ポリ袋にぬか床、野菜を入れて30秒レンチン。ポリ袋ごと冷水につけて冷まし、袋の外からもんでしんなりしたら、ぬか床を洗い流します。詳しくはP.116を参照してください。

ご飯が浸水、
蒸らし時間なしでも
ふっくらと炊けます！

十六穀ご飯

材料［2人分］

- **米**
  …3/4カップ
  （120g）
  洗って、水切り
- **十六穀米**
  …1/4カップ
  （40g）
  洗って、水切り

作り方のポイント

耐熱ボウルに米と十六穀米を入れ、
水 260mℓを注ぐ。

↓

両端あけラップで、5分レンチン

↓

沸騰したことを確かめる。

↓

弱（150〜200W）または
解凍キーで12分レンチン

電子レンジ マメ知識

米と十六穀米を倍の 2カップで炊くときは、水も2倍の520mℓで。600Wで 7〜8分沸騰するまで加熱し、弱（150〜200W）または解凍キーに切り替えたら12分レンチンの時間は変わりません。

5分レンチン
＋
弱12分レンチン

ビタミン、ミネラル、食物繊維豊富な十六穀米を混ぜて

チキンカレー

材料［1人分］

じゃがいも
…中1/2個（75g）
乱切り

カレールウ（フレーク）
…大さじ2（20g）

鶏もも肉
…50g
一口大

にんじん
…中1/4本（30g）
乱切り

作り方のポイント

耐熱ボウルに材料すべてを入れ、水120mℓを注ぐ。

↓

両端あけラップで、6分レンチン

↓

全体を混ぜる。

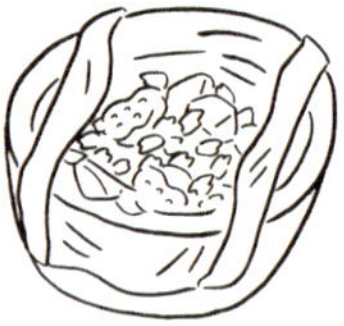

電子レンジ マメ知識

カレールウはフレーク状のものが溶けやすいのでおすすめです。固形ルウの場合は1人分（1かけ、約20g）を刻みます。ご飯も電子レンジで炊けるので、P.122を参照してください。

煮込まなくても、
じゃがいもに
しっかり火が通ります

チャーハン

材料［1人分］

溶き卵
…1個分
（50g）

サケ
…1/2切れ（50g）
1.5cm角

グリーンピース（水煮）
…大さじ1

ご飯
…茶わん1杯
（150g）

牛乳
…大さじ1

長ねぎ
…10cm分
小口切り

調味料

サラダ油…大さじ1
しょうゆ…大さじ1
こしょう…少々

作り方のポイント

ボウルにご飯と調味料を入れ、
ほぐしながら混ぜる。
耐熱ボウルに溶き卵と牛乳を入れ、
ご飯を加える。
上にサケ、長ねぎ、グリーンピースをのせる。

↓

ふんわりラップで、4分レンチン

↓

卵をほぐしながら混ぜる。
好みでパクチーを添える。

電子レンジ マメ知識

カロリーを抑えたいときは、
サラダ油大さじ1を小さじ1
に変更しても大丈夫です。

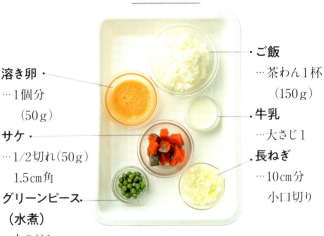

混ぜて、のせて、
レンチンするだけ。
炒めないチャーハンです

煮込みうどん

材料［1人分］

豚ロース・薄切り肉
…1枚（20g）
3cm長さ

ごぼう
…5cm（5g）
ささがきにして
水にさらす

うどん（ゆでたもの）
…1袋（200g）

長ねぎ
…10cm（10g）
斜め薄切り

調味料

みそ…大さじ1
和風だし（顆粒）…小さじ1/4

作り方のポイント

耐熱ボウルに調味料を入れ、
熱湯1カップを加えて溶き、
うどんを加え、
豚肉とごぼう、ねぎをのせる。

↓

ふんわりラップで、8分レンチン

↓

お好みで七味唐辛子をふる。

電子レンジ マメ知識

レンチン後、アツアツをいただきたいなら、1人分の材料が全部入る耐熱の器（直径15〜18cmの丼など）で作ってもいいです。取り出すときは気をつけて。冷凍うどんを使うときは、加熱時間を2分延長してください。

8分
レンチン

煮込みうどんも電子レンジで。
アツアツをいただけます

ニラもやしそば

材料［1人分］

・即席中華麺
…1パック
（麺90g）

ニラ・
…50g
3㎝長さ

・もやし
…100g

調味料

添付のラーメンスープ
…1パック
こしょう…少々

作り方のポイント

耐熱ボウルに水1と1/2カップを入れ、
即席麺を加え、その上に野菜をのせる。

↓

ふんわりラップで、5分レンチン

↓

丼に麺と野菜を入れ、
残った汁にラーメンスープを溶かしてかけ、
こしょうをふる。

電子レンジ マメ知識

インスタントラーメンも電子レンジで作ります。かたい麺の上に水分の多い野菜をのせるのがポイント。スープは、加熱後、麺と野菜を取り出した後の汁に加えて溶かします。

5分
レンチン

インスタントラーメンに、ニラともやしを加えて野菜不足解消

ソース焼きそば

材料［1人分］

豚もも肉
…50g
3cm長さ

ピーマン
…1個
細切り

焼きそば麺（蒸し）
…1パック（120g）

キャベツ
…1枚（50g）
ちぎる

にんじん
…小1/3本（30g）
短冊切り

調味料

サラダ油…大さじ1
添付の焼きそばソース（粉末）
…1パック

作り方のポイント

耐熱ボウルに調味料を入れ、
豚肉を加えてからませ、
野菜を加え、上に麺をのせる。

↓

ふんわりラップで、4分レンチン

↓

全体を混ぜる。

電子レンジ マメ知識

豚肉に調味料をからませることで、肉にしっかり味がつきます。豚肉の上に野菜をのせると、野菜の水分がまわり、肉がかたくなりません。

4分
レンチン

電子レンジを使えば、
油控えめでも
焼きそばができます

辛子明太子のスパゲティ

材料［1人分］

・スパゲティ（5分ゆでタイプ）
…50g
2つ折り

辛子明太子・（ほぐしたもの）
…大さじ2

調味料

赤唐辛子（みじん切り）
…小さじ1/2
塩…少々
こしょう…少々
酒…大さじ1
おろしにんにく…小さじ1/2

作り方のポイント

耐熱ボウルに水 250mℓを注ぎ、
スパゲティを加える。

↓

ラップなしで、
7分30秒レンチン

↓

湯の中でかき混ぜ、ざるに上げる。
別のボウルに調味料と
辛子明太子を入れて混ぜ、
湯をきったスパゲティを加えて混ぜる。
黒こしょうをふる。
タバスコはお好みで。

電子レンジ マメ知識

1人分の乾麺（50〜100g）は少し大きめの耐熱ボウル（直径21〜22cm）でゆでて。水がボウルの半分くらいまでならふきこぼれの心配なし。

7分30秒
レンチン

スパゲティも電子レンジなら
お湯を沸かさず
ラクラク調理！

スパゲティ・カルボナーラ

材料［1人分］

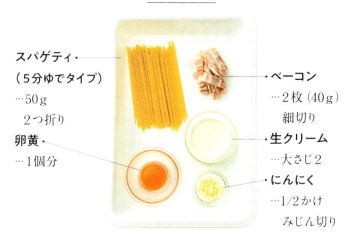

スパゲティ（5分ゆでタイプ）
…50g
2つ折り

卵黄
…1個分

ベーコン
…2枚（40g）
細切り

生クリーム
…大さじ2

にんにく
…1/2かけ
みじん切り

調味料

オリーブ油…大さじ1
塩…少々
黒こしょう…少々

電子レンジ　マメ知識

スパゲティは少し大きめの耐熱ボウル（直径21〜22cm）でゆでます。麺50gなら水250mlを注ぎ、ラップなしで10分レンチン。カルボナーラは2回レンチンが必要なので、スパゲティ、具材の順にレンチンするといいでしょう。生クリームと卵黄もあらかじめ合わせておきます。

作り方のポイント

スパゲティはP.136の辛子明太子のスパゲティを参照してゆでる。
耐熱ボウルにベーコンを入れ、オリーブ油とにんにくを加える。

↓

ふんわりラップで、1分30秒レンチン

↓

合わせておいた生クリームと卵黄、塩を加えて勢いよく混ぜ、湯をきったスパゲティを加え、手早くあえる。こしょうをふる。

1分30秒
レンチン

ベーコンを
電子レンジで加熱し、
生クリームと卵黄を加えると
クリーミーに

乾麺をゆでる

乾麺も電子レンジでラクラクゆでられます。鍋でゆでるときは、水は乾麺の10倍用意しますが、電子レンジではその半分ですみます。

50ｇの乾麺で水の量は２５０㎖、乾麺が１００ｇなら水の量は５００㎖と考えてください。ゆで時間は袋の表示時間、プラス５分が目安です。

ふきこぼれやすいのでラップはかけずに、直径21〜22㎝の大きめの耐熱ボウルでゆでましょう。ただし、このサイズでも乾麺は１００ｇどまりに。途中で混ぜなくても、麺は団子状にはならないので、調理中に場所を離れても安心です。

●乾麺のゆで時間の目安

ゆでる乾麺のｇ数によって、水の量が違います。水の加熱時間プラス、乾麺ごとの加熱時間をプラスします。例えば、そうめん50ｇを鍋でゆでると2分なら、電子レンジは4分30秒という具合です。100ｇゆでる場合は、7分かかります。

	1人分	2人分
乾麺	50ｇ	100ｇ
水	250㎖	500㎖
水の加熱時間	2分30秒	5分

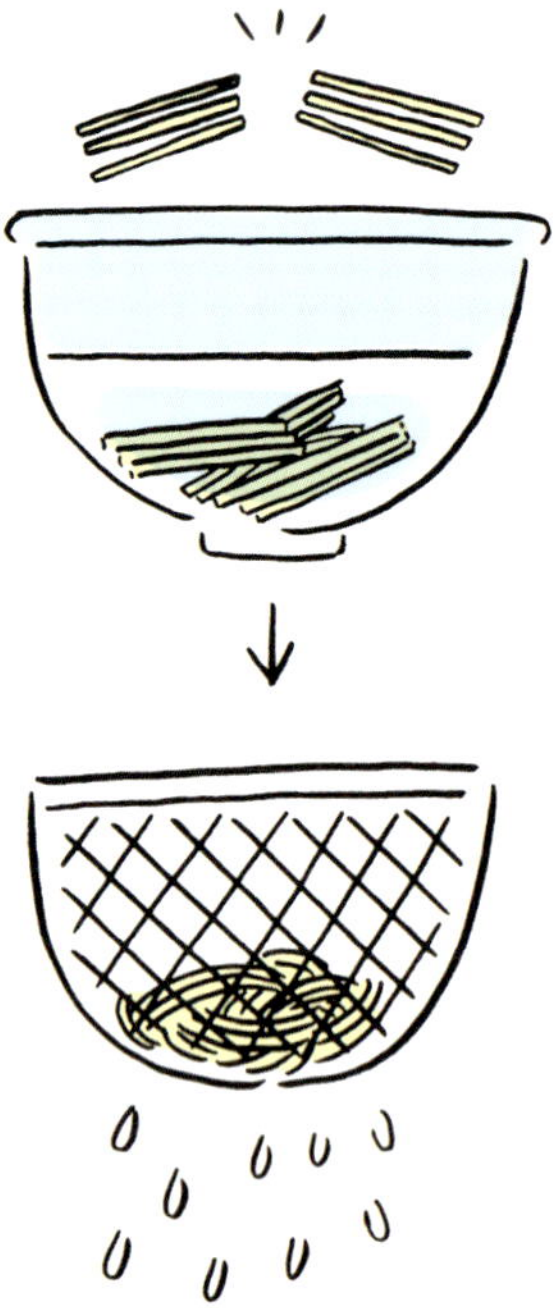

耐熱ボウルに入らない長めの麺は、半分に折って。レンチン後は素早くざるに上げます。

しじみのみそ汁

みそ汁も一杯から作れます。
液体みそを使うとよく溶けて便利

材料［１人分］

- しじみ（砂抜きずみ）…100g
- 液体みそ…小さじ2（10g）

作り方のポイント

耐熱ボウルに液体みそを入れ、
水 150mℓを注ぎ、しじみを加える。

↓

ラップなしで、3分レンチン

↓

しじみが口を開いたら、
でき上がり。

豚汁

材料［1人分］

豚薄切り肉
…1枚（20g）
3cm長さ

にんじん
…2cm（20g）
半月切り

液体みそ
…小さじ2（10g）

じゃがいも
…小1/2個（50g）
いちょう切り

長ねぎ（青い部分）
…10cm
ぶつ切り

作り方のポイント

耐熱ボウルに豚肉、野菜を入れ、
水 150mℓを注ぎ、液体みそを加える。

↓

ふんわりラップで、5分レンチン

↓

七味唐辛子をふる。

電子レンジ マメ知識

電子レンジにかける重さで加熱時間が変わります。具材の切り方で加熱時間は変わりません。豚汁やみそ汁はお椀でいただくので、小さめに切ると食べやすく、見た目もおいしそうです。

5分
レンチン
寒い季節の定番、豚汁が
5分レンチンででき上がり！

汁もの

コーンポタージュ

材料［1人分］

クリームコーン（缶詰）…100g

牛乳…100mℓ

調味料

コンソメ（顆粒）…小さじ1/4
バター…大さじ1

作り方のポイント

耐熱ボウルに調味料を入れ、
クリームコーンと牛乳を加えて混ぜる。

↓

ラップなしで、4分レンチン

↓

パセリ（乾燥）とこしょうをふる。

電子レンジ マメ知識

耐熱ボウルで作ってもいいですが、食事用の耐熱のマグカップやスープカップに材料を入れてレンチン、そのまま食卓に出しても。熱くならない取っ手があるマグカップは、加熱するにも、食事をするにも便利です。

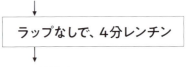

4分
レンチン
マグカップか
スープカップで作れば
洗いものも最小限ですみます

おせち

電子レンジで作れば
全部で2時間ででき上がり！

お正月はやはり、おせちで祝いたいもの。
おせちが電子レンジで簡単に作れるなら……。
たった2時間で9品の
本格的な豪華おせちができ上がります。
2人で2日間いただけば、
ちょうどなくなるほどよい分量。
電子レンジのスピードテクを随所に使った
スピード、味、見た目に優れた
「三方良し」のおせちです。

祝肴

1—数の子
2—黒豆
3—田作り

口取り

4—伊達巻き
5—栗きんとん
6—紅白なます
7—飾りかまぼこ

煮もの

8—筑前煮

酢のもの

9—酢ばす

祝肴《いわいざかな》

数の子

「数の多い子ども」の意味から子孫繁栄を願って。だしは電子レンジで作ります

材料［2人分×2］

塩数の子…100g

調味料

だし…1カップ
酒…大さじ1
しょうゆ…大さじ1
砂糖…大さじ1

電子レンジ　マメ知識

だしは、耐熱ボウルに削り節小1パック（3g）を入れ、水320mℓを注ぎ、ラップなしで3分レンチンし、こせばOKです。

作り方のポイント

水2カップに塩小さじ1/2（分量外）を入れて溶かし、数の子を浸して一晩冷蔵する。数の子の表面を親指の腹で軽くこするようにして薄皮を取り除く。

↓

耐熱ボウルに調味料を合わせ、数の子を漬けて、フタをして常温で1時間置く。一口大に切って、糸がつおと木の芽をのせる。

祝肴 — 黒豆

甘納豆で作る黒豆です。
しょうゆ風味の昔ながらの味。
ミックス甘納豆で作っても

材料［2人分×2］

甘納豆（黒豆）…100g

調味料

砂糖…大さじ2
しょうゆ…小さじ1

作り方のポイント

耐熱ボウルに甘納豆を入れ、
水 100mℓを注ぎ、
調味料を加えて混ぜる。

↓

ラップを
はりつけるようにかけ、
2分レンチン

電子レンジ　マメ知識

電子レンジで加熱するとき、ラップを甘納豆にじかにはりつけるようにかけ、余った分はボウルの縁に沿わせるようにかぶせます。

祝肴
田作り

豊漁豊作を願って作ります。
焙烙《ほうろく》やフライパンでいる作業を
電子レンジなら1分でOK

材料［2人分×2］

食べる煮干し…30g

調味料

砂糖…大さじ1
しょうゆ…大さじ1
酒…大さじ1
赤唐辛子（輪切り）…少々
サラダ油…小さじ1

作り方のポイント

耐熱皿に煮干しを広げる。

↓

ラップなしで、1分レンチン

↓

耐熱ボウルに調味料を入れる。

↓

ラップなしで、2分レンチン

↓

調味料の入ったボウルに
煮干しを加えてからめ、
クッキングシートを敷いた皿に
広げて、白いりごまをふる。

口取り―伊達巻き

その形から巻物に例えられ、
文化の発展を表しています。
レンジの追い加熱でしっとりと

材料［2人分×2］

はんぺん
…1枚（110g）
卵… 3個

調味料

砂糖…大さじ2
塩…少々

作り方のポイント

ポリ袋にはんぺんを入れ、叩いてつぶし、
ペースト状にする。ボウルに移し、
卵、調味料を加えてよく混ぜる。
フライパンにクッキングシートを敷き、
流し入れ、フタをして弱火で10分焼く。
クッキングシートごと取り出して
耐熱皿にのせる。

↓

ふんわりラップで、1分レンチン

↓

焼き色がついている面を上にし、
くるくると巻いてラップし、輪ゴムで止める。
冷めたら、幅1cmに切り分ける。

口取り ― 栗きんとん

材料［2人分×2］

さつまいも
…1本（正味200g）
栗の甘露煮
…100g（約8個）

調味料

栗の甘露煮のシロップ
…1/4カップ
水…1/4カップ
砂糖…1/2カップ
塩…ひとつまみ

作り方のポイント

さつまいもは両端を切り落とし、皮をむく。幅3cmの輪切りにし、水に放す。耐熱ボウルに水気をきったさつまいもを入れ、水1カップを注ぐ。

↓

ふんわりラップで、6分レンチン

↓

竹串がさつまいもにスッと通るようになっていたら湯を捨て、マッシャーでつぶし、調味料を加える。

↓

ふんわりラップで、3分レンチン

↓

泡立て器で混ぜる。

↓

ふんわりラップで、2分レンチン

↓

もう一度混ぜる。
栗の甘露煮は好みの大きさに切って加えて混ぜる。
重箱に詰めるときは、ラップにのせて、茶巾絞りにしてもよい。

金色が「財をなす」という縁起物。栗を加えるのは、出陣や勝利の祝いに使われた搗《かち》（勝）栗《ぐり》に由来します

電子レンジ　マメ知識

さつまいもに水を加えて加熱します。水を加えることでさつまいもに含まれる糖化酵素が働いて甘みが増し、あく抜きの役割も果たします。ほくほく感の強いさつまいものときは、甘露煮シロップを1/2カップに増やすとしっとりした食感に仕上がります。栗きんとんは“レンチン1回”で作るというわけにはいきませんが、3回に分けてレンチンすることによって、なめらかで甘く仕上げることができます。

口取り

紅白なます

膾《なます》とは生の材料を酢で調理したもの。
にんじんの紅、大根の白を合わせ、
紅白のめでたさにちなんだ一品

材料［2人分×2］

大根…200g
にんじん…30g

調味料

砂糖…大さじ3
酢…大さじ3
水…大さじ1
塩…小さじ1/5

作り方のポイント

大根は幅5㎜の薄切りにしてから重ね、斜めに幅5㎜の細切りにする。にんじんは繊維に沿って幅2㎜ほどの薄切りにし、さらに繊維に沿ってせん切りにする。耐熱ボウルに大根とにんじんを入れ、塩小さじ 1/2（分量外）を加えて混ぜる。

↓

ラップなしで、30秒レンチン

↓

かたく絞る。
ボウルに調味料を合わせ、
大根とにんじんを加えて混ぜる。

口取り——飾りかまぼこ

いつものかまぼこが見た目も味も、ハレの日らしくグレードアップ。辛子明太子の辛みがアクセントに

材料［2人分×2］

紅白かまぼこ…各1本
辛子明太子（ほぐしたもの）…大さじ1
イタリアンパセリ…少々
柚子（薄切り）…2枚
青じそ…2枚

作り方のポイント

かまぼこは板つきのまま、紅白ともに、端から7㎜のところに深さ1.5㎝ほどの切り目を入れ、そこからさらに7㎜幅のところで切り離す。各約8切れ取れる。

紅かまぼこに辛子明太子をはさみ、パセリを添える。

白かまぼこには8つに切った柚子と青じそをはさむ。

煮もの—筑前煮

根菜の「こん」にあやかって、「根気よく勉学に励むように」との願いが込められています

材料［2人分×2］

和風野菜ミックス
…1パック（300g）
鶏もも肉…200g
さやいんげん
（ゆでたもの）…4本

調味料

しょうゆ…大さじ2
砂糖…大さじ2
酒…大さじ2
片栗粉…小さじ1
水…小さじ2

作り方のポイント

鶏肉は10個に切る。
ボウルにしょうゆ、砂糖、酒を
合わせ、鶏肉を加えて混ぜる。
耐熱ボウルに和風野菜ミックスを入れ、
鶏肉を加える。落としぶた代わりに
ラップをはりつける。

↓

**ふんわりラップで、
10分レンチン**

↓

片栗粉と水を合わせて加え、
とろみをつける。
3cm長さに切ったさやいんげんを
加えて合わせる。

酢のもの ― 酢ばす

**れんこんはたくさんの穴があり、
将来を見通すという意味が。
レンジで漬け込み時間を短縮**

材料［2人分×2］

れんこん…100g

調味料

酢…大さじ4
砂糖…大さじ4
水…大さじ2
塩…小さじ1/4

作り方のポイント

れんこんは皮をむき、
2㎜幅の薄切りにする。
水1カップ、酢大さじ1（分量外）の
酢水につけて10分置く。
耐熱ボウルに調味料を合わせ、
水気をきったれんこんを加えて
上下を返す。

↓

ふんわりラップで、2分レンチン

↓

常温まで冷まし、
小口切りにした赤唐辛子をのせる。

私たちは食べたものでできている

医学の進歩で、私たちの平均寿命は延びる一方です。

１００年時代の到来です。60歳は還暦。新しい暦の始まりですが、１００歳までには、さらに数十年の人生が待っています。隠居が美学の時代は終わったのです。年を取っても人に頼らず、自分らしく生きていくことが求められています。

古代ギリシャの医学の父、ヒポクラテスは言いました。

「私たちは食べたものでできている」

私たちの体の中には、絶え間のない合成と分解のサイクルが流れています。食べているからこそ、けがをしても傷が治り、病気になっても回復できるのです。

生きているという流れを止めないために、私たちは食べ続けなければなりません。

「電子レンジで調理するなんて手抜き！　と言われそう」と、気にしないでください。他人の目なんてどうでもよいのです。自分がいかに自分らしく生きるかが、本当に大切なことです。

〝毎日きちんと食べる〟ことを、頑張らずにかなえてくれるのは、電子レンジと言っても過言ではありません。

　そこに食材を入れて、ほんの少しの間で、おいしい料理ができ上がるなんて！　魔法の箱、としか言いようがないのです！

村上祥子

村上祥子（むらかみさちこ）

77歳、元気すぎる料理研究家。管理栄養士。公立大学法人福岡女子大学客員教授。１９８５年より福岡女子大学で栄養指導講座を担当。治療食の開発で、油控えめでも１人分でも短時間においしく調理できる電子レンジに着目。以来、研鑽を重ね、電子レンジ調理の第一人者となる。「ちゃんと食べてちゃんと生きる」をモットーに、日本国内はもとより、ヨーロッパ、アメリカ、中国、タイ、マレーシアなどでも、「食べ力《ぢから》®」をつけることへの提案と、実践的食育指導に情熱を注ぐ。「電子レンジ発酵パン」をはじめ「バナナ黒酢®」「たまねぎ氷®」など数々のヒットを持つ。これまでに出版した著書は４００冊以上、７５０万部。

公式ホームページ　http://www.murakami-s.jp/

60歳《さい》からは食《た》べて健康《けんこう》に！

レンチン１回《かい》で頑張《がんば》らない電子《でんし》レンジのおかず

２０１９年12月15日　第１刷発行
２０２０年８月15日　第７刷発行

著者　村上祥子《むらかみさちこ》
発行者　佐藤 靖
発行所　大和《だいわ》書房
東京都文京区関口1-33-4
電話　０３-３２０３-４５１１

ブックデザイン　野村里香（node）
イラスト・題字　ヤマグチカヨ
写真　戸高慶一郎
スタイリング　吉田智美
ＤＴＰ　谷川のりこ
編集・取材・文　時政美由紀（マッチボックス）
印刷　凸版印刷
製本　ナショナル製本

ISBN978-4-479-78496-8
乱丁本・落丁本はお取替えいたします。
http://www.daiwashobo.co.jp/